PROCÈS-VERBAUX

DES SÉANCES

DE

L'ASSEMBLÉE RÉGIONALE

CATHOLIQUE

TENUE A AUCH, LES 19, 20 ET 21 OCTOBRE 1874

AU GRAND-SÉMINAIRE

Extrait de la *Semaine Religieuse d'Auch*, numéros des 31 octobre, 7, 14 et 21 novembre 1874

AUCH
IMPRIMERIE AUSCITAINE, ADOLPHE THIBAULT

1874

PROCÈS-VERBAUX DES SÉANCES

DE

L'ASSEMBLÉE RÉGIONALE CATHOLIQUE

TENUE A AUCH, LES 19, 20 ET 21 OCTOBRE 1874

AU GRAND-SÉMINAIRE

Nous ne pouvions souhaiter un meilleur début, pour notre troisième année, que d'avoir à parler du Congrès régional catholique qui vient de se tenir à Auch, les 19, 20 et 21 octobre. Quoique nous devions publier *in extenso* les procès-verbaux des diverses séances, nous ne savons résister au plaisir de présenter d'abord ce que nous appellerons la *physionomie générale* de cette Assemblée.

Qui en a eu la première idée? Il serait difficile de le dire; mais elle fut très-favorablement accueillie par M. Du Bie, l'honorable et zélé président du Comité catholique du Gers, et par les membres du bureau, dès qu'ils connurent la venue prochaine à Auch de Monseigneur Mermillod. Le grand succès du Congrès de Lyon et l'explosion des sentiments catholiques qui se fit parmi nous en ces derniers jours, à la réunion extraordinaire qu'avait provoquée le Comité, et où l'éloquent Evêque d'Hébron consentit à porter la parole, firent cesser les hésitations et inspirèrent une sainte audace.

Il fallait réellement de l'audace pour improviser en trois semaines une chose si nouvelle parmi nous. Et néanmoins les plus hardies espérances ont été largement dépassées.

Mgr l'Archevêque, il est vrai, a montré plus que de la sympathie. Il a béni le projet; il avait promis et il a donné son concours le plus actif. Devenu l'un des membres assidus du Congrès, dont il acceptait la présidence honoraire, il en a été l'âme et la joie. Durant trois jours, prêtres et laïques, la veille encore inconnus pour la plupart les uns aux autres, se sentaient, près de son cœur de père, frères bien-aimés et également dévoués aux intérêts de leur commune famille, la sainte Eglise de Notre-Seigneur Jésus-Christ.

M. le Supérieur du Grand-Séminaire offrait à tous une simple mais cordiale hospitalité dans son vaste établissement, rendu libre par les vacances. Et nous serions ingrats si nous ne disions combien ses soins et ceux de M. l'Econome méritent la plus entière reconnaissance de tous ceux qui en ont été l'objet.

Le diocèse d'Auch avait fourni à l'Assemblée des ecclésiastiques de la ville et de diverses localités du département, et des laïques appartenant à presque toutes les classes de la société.

A côté des représentants des plus illustres noms du pays, se trouvaient des propriétaires ruraux, des magistrats, des officiers, des chefs de maisons de commerce, des membres des corps enseignants et les hommes qui dans nos villes sont dévoués à toute œuvre de bien.

M. l'abbé Martial, vicaire général de Son Eminence le Cardinal-Archevêque de Bordeaux, et M. de Pichard, conseiller à la Cour d'appel de cette ville, étaient venus comme délégués des œuvres ouvrières, dont ils sont les ardents promoteurs dans leur diocèse. Toulouse avait envoyé trois apôtres de la classe ouvrière : M. l'abbé Tournamille, M. l'abbé Marceille et le R. P. de Ribens, de la Compagnie de Jésus, tous les trois essentiellement hommes d'œuvres et éminemment pratiques. M. l'abbé Du Moulin, vicaire de la cathédrale, représentait le diocèse d'Aire, — M. l'abbé Valade et M. de Scorbiac le diocèse de Montauban. Enfin, le R. P. Duboé, de Notre-Dame de Lourdes, semblait par sa présence nous assurer que la Vierge Immaculée bénissait nos travaux.

Commencé le lundi soir par le chant du *Veni, Creator*, et le salut du Très-Saint-Sacrement, et terminé le mercredi, à dix heures du matin, par le *Te Deum*, le Congrès ne s'est pas épargné à la besogne. Il a tenu cinq séances de près de deux heures chacune.

On a écarté avec soin les questions vagues et oiseuses : dès l'abord on est entré de plein pied sur le terrain pratique. Un grand nombre d'orateurs ont pris la parole; mais tous se sont attachés à des points spéciaux et ont tiré des conclusions nettement formulées et d'une réalisation actuelle. La lecture des procès-verbaux en fournira la preuve.

Nous avons suivi, avec la plus sérieuse attention, les discussions lumineuses et si pleines de courtoisie des cinq séances, et nous sommes convaincus qu'il en résultera des conséquences très-importantes pour les intérêts catholiques dans nos contrées.

Dieu semble de nos jours avoir soufflé de nouveau sur l'Eglise le souffle de l'apostolat, et les cœurs de ces éminents laïques, que nous sentions battre près de nos cœurs de prêtres, nous attestaient que, chez eux comme chez nous, brûle un zèle généreux du salut des âmes et de la gloire de Dieu. La grandeur du mal provoque enfin la sainte émulation du bien. A des titres divers et sous des formes différentes, tous les vrais catholiques acceptent le glorieux devoir d'évangéliser leurs frères égarés ou indifférents.

Leur action, ne demeurant plus isolée, se multipliera à l'infini.

Nous comprenons, après cette réunion de trois jours, que la pensée qui a donné naissance aux congrès catholiques a été une inspiration providentielle.

On en sort comme d'un nouveau Cénacle.

Ensemble on a prié, ensemble on s'est entretenu des besoins de l'époque : on n'a plus qu'un cœur et qu'une âme, on combine ses forces, on dresse en commun le plan de bataille, et l'on va au combat soutenu par une confiance invincible.

N'est-ce pas là l'un des premiers effets du Concile du Vatican ! On avait voulu chasser Notre-Seigneur Jésus-Christ de la société civile et politique, on chantait l'avénement de l'Etat absolument laïque, de l'école laïque, de la civilisation laïque ; et voilà que les laïques eux-mêmes se réunissent pour affirmer leur indissoluble union avec le corps sacerdotal et leur pleine et filiale dépendance des Evêques et du Souverain-Pontife ! D'eux-mêmes ils viennent aux prêtres, et ils leur disent : « Nous voulons combattre avec vous pour défendre l'Eglise, et avec vous rendre au peuple l'Evangile, les espérances de la Foi et les vertus qui seules consolent ses malheurs et guérissent ses plaies. »

Le Congrès régional d'Auch a, disons-nous, dépassé toutes nos espérances, et néanmoins nous ne le considérons que comme le grain de sénevé. Ce n'est qu'un essai ; mais il nous donne le droit de dire que la réunion d'un Congrès bien autrement nombreux est maintenant assurée. On trouvera dans les procès-verbaux la motion importante qui a été adoptée à ce sujet.

Formé à peine depuis deux ans, le Comité catholique du Gers nous a procuré ce résultat. Il ne pouvait mieux affirmer son inappréciable utilité.

Henry MARQUET.

CÉRÉMONIE RELIGIEUSE DE L'OUVERTURE DU CONGRÈS

Le 19 octobre 1874, à cinq heures et demie du soir, les membres de l'Assemblée se sont rendus à la chapelle du Grand-Séminaire, pour attirer sur leurs travaux les lumières et la force de l'Esprit-Saint.

Après le chant du *Veni, Creator*, Mgr de Langalerie, archevêque d'Auch, est monté en chaire, et, dans une touchante et chaleureuse allocution, a exposé les devoirs des vrais catholiques à l'égard de Dieu, à l'égard de l'Eglise, à l'égard du prochain et à l'égard de la Patrie. Ses paroles ont vivement ému l'assistance et l'ont merveilleusement préparée à poursuivre avec courage la tâche qu'elle s'était imposée dans son programme.

A la suite du discours de Mgr l'Archevêque, la bénédiction du Très-Saint-Sacrement a été donnée par M. l'abbé Martial, vicaire général de Bordeaux.

PROCÈS-VERBAL DE LA PREMIÈRE SÉANCE

Les membres du Congrès régional étaient réunis dans la salle des exercices du Grand-Séminaire, à sept heures et demie du soir. Mgr l'Archevêque, qui présidait, a ouvert la séance en donnant la parole à M. Du Bic, président du *Comité catholique du Gers*.

M. Du Bic, après avoir souhaité la bienvenue aux divers membres du Congrès, notamment à ceux qui étaient venus des diocèses étrangers, et rendu un juste hommage à la présence de Mgr l'Archevêque, toujours heureux d'encourager les œuvres utiles à l'Eglise et à la société, et à celle de M. l'abbé Martial, son ancien maître et son ami, a dit que si l'Assemblée actuelle avait été improvisée, elle était du moins opportune, en face des périls et des besoins urgents de l'époque. — Il a montré, à grands traits, la nécessité et l'organisation des œuvres catholiques. Il a payé un juste tribut d'hommage à la Société de Saint-Vincent de Paul. Il a indiqué ensuite les trois grandes associations catholiques plus récentes : les *Comités catholiques*, l'*Union des associations catholiques ouvrières* et les *Cercles catholiques d'ouvriers*, et il a fait voir comment elles répondaient aux nécessités du moment et amélioraient, en les unissant, toutes les parties de la société.

Le discours de M. Du Bie a reçu le meilleur accueil de l'Assemblée et a été vivement applaudi.

A la suite de ce discours, l'Assemblée a été invitée à nommer une commission chargée d'étudier les bases d'un Congrès régional.

Cette commission a été composée de la manière suivante :

Le Comité catholique du Gers y est représenté par M. Du Bie et M. le comte Dillon.

Le clergé du diocèse d'Auch, par M. Vivent, curé-doyen de Miélan, et par M. Mortera, missionnaire diocésain.

Toulouse, par M. Tournamille, par le R. P. de Ribens et par M. Marceille.

Tarbes, par le R. P. Duboé.

Aire, par M. l'abbé Du Moulin, vicaire de la cathédrale d'Aire.

Bordeaux, par M. l'abbé Martial et par M. de Pichard.

Montauban, par M. Valade et M. de Scorbiac.

L'Assemblée a décidé que cette commission se réunirait, à dix heures du matin, chez M. Du Bie, président du Comité catholique du Gers.

L'Assemblée a ensuite procédé à la formation de son bureau, lequel a été composé de la manière suivante :

Président d'honneur, Mgr l'Archevêque d'Auch.

Président, M. du Bie, président du Comité du Gers.

Vice-Président, M. l'abbé Martial, vicaire général de Bordeaux.

Conseillers : MM. Tournamille, R. P. de Ribens, de Pichard, marquis de Galard-Terraube, Solon, Castarède, docteur-médecin à Fleurance.

Secrétaires : MM. Desbons, Marquet, Magentie.

Ont été nommés membres honoraires du bureau : M. Monbet, supérieur du Grand-Séminaire, — M. d'Abbadie de Barrau, député du Gers, — M. l'abbé Pellefigue, doyen du chapitre métropolitain, — MM. les vicaires généraux, — M. l'archiprêtre de la Métropole, — MM. les Conseillers généraux et MM. les officiers qui honoreront l'Assemblée de leur présence.

Mgr l'Archevêque a ensuite invité M. l'abbé Desbons, secrétaire, à donner lecture d'une Adresse à Mgr de Ségur, le grand et zélé promoteur des œuvres catholiques. La lecture de cette Adresse a reçu l'approbation de toute l'Assemblée et a été accueillie par les plus vifs applaudissements.

M. le secrétaire, après cette lecture, a fait connaître l'ordre des exercices et le programme des matières devant être traitées dans le Congrès.

Cette première séance a eu pour couronnement une pieuse et charmante causerie de M. l'abbé Martial, vicaire général de Bordeaux. Ce vénérable ecclésiastique a insisté sur l'opportunité et l'utilité des congrès catholiques, sur le bien qu'ils produisaient en rapprochant les intelligences et les cœurs, et sur la manière vraiment merveilleuse dont ils réalisaient la devise des temps apostoliques : *Cor unum et anima una*. Il a fini en indiquant le ciment divin sans lequel on travaillerait en vain à élever l'édifice, à refaire les hommes et les peuples : la prière. Sans la prière et la grâce qu'elle attire, nous ne pouvons rien, *sine me nihil potestis facere;* mais, avec la prière, notre faiblesse devient une puissance à laquelle rien ne résiste. A la prière, les catholiques doivent ajouter l'action et la persévérance.

La causerie de M. Martial a été souvent interrompue par les applaudissements de l'Assemblée.

Mgr de Langalerie, archevêque d'Auch, avant de lever la séance, a donné sa bénédiction à l'Assemblée.

La séance a été levée à neuf heures du soir.

Cette première séance n'ayant eu pour objet que des questions générales et l'organisation du bureau de l'Assemblée et de la commission chargée d'étudier les bases du Congrès, n'a donné lieu à aucune discussion ni à aucun incident que nous ayons à relater ici.

Le secrétaire du Congrès,
J. DESBONS.

EXERCICE RELIGIEUX DU MATIN, 20 OCTOBRE

La messe du Saint-Esprit a été dite à sept heures du matin par Mgr l'Archevêque, assisté de M. l'abbé Martial, vicaire général de Bordeaux, et de M. l'abbé Monbet, supérieur du Grand-Séminaire. Après la messe, Mgr de Langalerie a adressé aux membres présents du Congrès régional une touchante allocution; il a parlé de la fête et de l'évangile du jour. Il a découvert dans saint Jean Canty les vertus spéciales qui conviennent à tous les chrétiens, particulièrement à ceux qui se dévouent au bien de leurs frères : la chasteté, l'activité, l'humilité, tels sont les traits saillants qui distinguent les chrétiens, prêtres et laïques, qui travaillent avec succès à la gloire de Dieu et au salut des peuples.

PROCÈS-VERBAL DE LA DEUXIÈME SÉANCE

La séance, présidée par Mgr l'Archevêque, a été ouverte à huit heures et demie du matin, par les prières d'usage.

M. Du Bie a adressé quelques avis préliminaires sur les rapports des membres avec le secrétariat et l'économat.

Il a ensuite émis un vœu qui a été accueilli avec le plus grand enthousiasme par l'Assemblée : Notre-Dame de Lourdes avait dans l'assistance un représentant. Séance tenante, le R. P. Duboé a été proclamé membre honoraire du bureau. Mgr l'Archevêque est allé le prendre à son banc et l'a conduit, au milieu des applaudissements de l'Assemblée, aux places réservées aux dignitaires du Congrès.

M. l'abbé Magentie, directeur du Cercle catholique d'ouvriers de Fleurance, a lu un rapport sur le *bureau diocésain :* son importance, sa mission, son organisation. L'importance du bureau diocésain découle surtout de sa mission et de son organisation.

Il est chargé de susciter des œuvres sur les divers points du diocèse, de relier et d'unir entre elles les œuvres existantes. Si personne n'est chargé de faire une œuvre, personne ne la fera. Il faut que quelqu'un ayant mission prenne l'initiative, excite le zèle des autres et leur fournisse les renseignements nécessaires pour la fondation des œuvres. L'expérience le prouve. Qu'existerait-il en fait d'œuvres ouvrières et de cercles catholiques sans le Bureau central de l'Union et sans le Comité central des cercles, qui, en peu de temps, ont provoqué, aidé et soutenu la fondation de plus de douze cents œuvres en France? Le bureau diocésain remplit, pour le diocèse, le rôle que les bureaux centraux remplissent pour toute la France. Le bureau diocésain est donc un foyer d'action et d'impulsion; il est aussi un centre d'union et de renseignements. Il relie les œuvres entre elles, sans leur imposer ni méthode ni règlement. Il réalise cette devise : la liberté dans la charité. Le nombre des membres du bureau diocésain n'est pas limité. L'Evêque est président. On choisit surtout pour le former les fondateurs et directeurs d'œuvres déjà existantes. Le bureau diocésain agit dans le diocèse par l'intermédiaire des correspondants cantonaux. Il a une caisse spéciale pour les œuvres qu'il fonde, aide et soutient, sans s'immiscer dans les affaires du diocèse.

Le rapport de M. Magentie a été unanimement approuvé par l'Assemblée. Quant à la formation effective du bureau diocésain, elle est renvoyée à plus tard et selon l'opportunité des diocèses représentés au Congrès.

Des explications ont été demandées par plusieurs membres de l'Assemblée. M. Tournamille et M. Martial les ont données. Le bureau diocésain de Bordeaux, dit M. Martial, est en pleine voie de prospérité. Les faits qu'il a cités sont décisifs, grâce surtout au zèle admirable d'un modeste curé de campagne. Le bureau diocésain se réunit tous les mois à Bordeaux, sous la présidence de Mgr de la Bouillerie. Les détails fournis à ce sujet ont fort intéressé l'Assemblée. L'important, c'est que ces bureaux se composent principalement des organisateurs et des directeurs d'œuvres pour ne point rester dans la théorie.

M. de Pichard applaudit aux observations données par MM. Martial et Tournamille, et remarque qu'il y aurait quelque inconvénient à ne prendre les membres du bureau que dans le comité catholique, à cause de la dépendance où cela les placerait vis-à-vis d'une œuvre spéciale.

A cela on a répondu que le bureau, se trouvant sous la direction de l'Evêque, était peu exposé à subir l'influence d'une œuvre particulière, alors que le directeur se devait à toutes.

M. l'abbé Marceille, de Toulouse, ajoute quelques explications qui confirment ce qui a été dit par les précédents orateurs.

A une réclamation de M. Daguzan, de Mauvezin, il a été répondu que l'organisation du bureau diocésain était renvoyée à plus tard.

M. l'abbé Vivent, curé-doyen de Miélan, est invité à fournir des renseignements sur l'œuvre des bureaux ou comités cantonaux. Ces petits comités ont pour but de relier entre elles les paroisses du même canton et de stimuler les œuvres qui y existent ou qui doivent y être fondées. Ce bureau cantonal doit faire pour le canton ce que fait le bureau diocésain pour le diocèse.

M. l'abbé Vivent communique à l'Assemblée une lettre écrite à ce sujet à Mgr de Ségur, par la Conférence de Miélan, et la réponse faite par le Prélat, qui fournit aux organisateurs de l'œuvre les renseignements qu'ils réclament et les encourage vivement à persévérer dans leur généreuse entreprise.

M. de Scorbiac demande si l'élément des comités cantonaux sera exclusivement fourni par le clergé. A cela M. Vivent répond que le double élément laïque et ecclésiastique peut y être admis : à l'occasion, un excellent laïque a plus d'action, dans certains milieux, que le prêtre lui-même. Il ajoute que le bureau cantonal de Miélan n'est encore qu'en voie de formation.

M. Martial, de Bordeaux, s'associe à la réponse de M. Vivent et la fortifie par de nouvelles explications.

M. l'abbé Tournamille réclame la sujétion absolue des bureaux cantonaux au bureau diocésain, et particulièrement à l'autorité épiscopale. Il n'aperçoit pas autant que les préopinants la nécessité des bureaux cantonaux, lorsque le comité diocésain peut les suppléer à peu près pour toutes les œuvres. Il accepte pourtant le principe et encourage ceux qui travaillent à l'organisation de cette œuvre, sous les réserves déjà faites de subordination absolue au bureau diocésain et à l'Evêque.

La parole est ensuite donnée à M. l'abbé Mortera, qui lit un rapport sur les *sociétés de secours mutuels.*

Les sociétés de secours mutuels, qui couvrent toute la France, sont, hélas! trop souvent dépourvues de l'élément chrétien. Ne peut-on rien faire pour elles ? Les ouvriers sont meilleurs qu'on ne le pense généralement. Pourquoi ne pas aller à eux ? Pourquoi nous, prêtres et laïques, ne travaillerions-nous pas à rendre les sociétés de secours mutuels des sociétés chrétiennes ? Ces sociétés existent sous une forme d'intérêt matériel qui convient à notre époque; c'est peut-être le meilleur élément que nous ayons sous la main pour faire le bien.

M. l'abbé Mortera dit en substance que tous les hommes qui ont quelque souci des grands intérêts de la religion et de la société doivent inviter les sociétés de secours mutuels, par l'organe de leur président et de leur bureau respectif, à ajouter à leur règlement les articles suivants :

1° Assister à la messe, en corps, quatre fois par an; 2° Remplir les devoirs religieux au moins à Pâques ; 3° Célébrer la fête du Patronage de saint Joseph, le modèle et le protecteur des ouvriers.

Le Congrès émet aussi le vœu de créer de nouvelles sociétés de secours mutuels partout où elles n'existent pas, et même dans les villes où elles existent, si les sociétés ne veulent pas entrer dans cette voie de régénération chrétienne et sociale.

Le rapport de M. l'abbé Mortera a reçu de tous l'accueil le plus sympathique. Mgr l'Archevêque d'Auch s'est plu à rendre hommage au zèle du vaillant fondateur du Patronage et de la Société de Saint-Joseph d'Auch. Il a dit que M. Mortera n'est point resté dans les régions spéculatives et qu'il a créé dans sa ville archiépiscopale une œuvre qui prospère déjà, et qui est appelée à produire de plus grands biens encore.

M. l'abbé Barciet, archiprêtre de la Métropole, s'associe aux éloges donnés à l'œuvre déjà fondée à Auch, et émet le vœu que les jeunes gens entrent dès le premier âge dans la Société de Saint-Joseph.

Le rapport de M. Mortera fournit ensuite matière, dans l'Assemblée, à d'intéressantes observations.

M. l'abbé Tournamille, de Toulouse, si versé dans les œuvres ouvrières, déplore l'absence toujours croissante de tout élément chrétien des sociétés de secours mutuels. Dans bon nombre d'entre elles, on a fait disparaître tout signe religieux. Il est désolant que les catholiques restent si indifférents en face de cette déplorable situation.

A la question de M. Du Bie, président : Est-il bien difficile de refaire bonnes les sociétés mauvaises? M. Tournamille répond que la chose est très-difficile, sinon impossible. Faire, dans le cas présent, est plus facile que refaire.

M. l'abbé Martial fait voir les avantages des sociétés de secours mutuels, lorsque l'élément chrétien y domine ; tous les efforts des vrais catholiques doivent tendre à ce résultat, à les christianiser.

M. Victor Candelon, de Lectoure, se demande s'il est possible de changer les statuts des sociétés déjà approuvées par le gouvernement ? On répond qu'on peut, sans changer la substance approuvée, y introduire l'élément chrétien et la pratique religieuse, et que le gouvernement n'en saurait prendre ombrage, ni invoquer la violation des statuts.

M. de Scorbiac dit : Ne serait-il pas possible de modifier l'esprit des sociétés de secours mutuels, si les honnêtes gens, prêtres et laïques, mettent, dans les dons qu'ils font à ces sociétés, comme condition rigoureuse, l'adoption de l'élément chrétien ?

M. Marceille, de Toulouse, dit qu'il est facile d'amener au bien les membres des autres sociétés, en les affiliant, par des cotisations, à des patronages d'apprentis, comme membres adhérents. Les caisses de secours et les caisses d'épargne sont un moyen efficace de solidarité chrétienne. Cette action peut surtout s'exercer sur les hommes qui ne sont agrégés à aucune société.

Quelques membres sont ensuite revenus sur les bureaux diocésains et les bureaux cantonaux. Nous avons groupé plus haut leurs observations.

La séance s'est terminée par les prières d'usage et a été levée à dix heures du matin.

Le secrétaire du Congrès,
J. DESBONS.

PROCÈS-VERBAL DE LA TROISIÈME SÉANCE

Avant l'ouverture de la séance, Monseigneur annonce à l'Assemblée qu'il vient de recevoir des nouvelles rassurantes sur Mgr l'Evêque d'Aire. Cette nouvelle est accueillie avec la plus grande joie.

A deux heures, Mgr l'Archevêque, qui préside, ouvre la séance par la récitation des prières d'usage.

M. l'abbé Desbons, secrétaire, fait lecture du procès-verbal de la séance précédente, qui est unanimement approuvé après une légère modification, accordée à la demande de M. l'abbé Marceille.

M. Du Bie donne la parole à M. de Pichard sur l'œuvre des patronages d'apprentis. Dans une vive causerie, M. de Pichard s'appuie de l'expérience qu'il a acquise, en contribuant à l'organisation de l'œuvre à Bordeaux, pour faire sentir la nécessité de l'union. L'union est *nécessaire, indispensable*, a-t-il dit, en donnant cette traduction pittoresque du *Porro unum est necessarium*. A Bordeaux, on n'a pas songé à instituer un comité local ; mais on s'est associé, tout d'abord, directement à l'Union centrale des Œuvres catholiques ouvrières de France. C'est l'exemple qui doit être suivi partout, si on veut trouver la force. Entrant dans le cœur du sujet, M. de Pichard a montré que de toutes les œuvres, celle du patronage est la plus importante, la seule nécessaire dans un sens : si le jeune homme n'est pas conservé durant l'adolescence, il échappe à peu près pour toujours ; car c'est alors que se fait l'*apprentissage* de la vie. L'œuvre du patronage a donc pour but de rendre cet *apprentissage* chrétien pour les enfants du peuple. La forme peut varier, et M. de Pichard nous en indique trois : 1° les orphelinats ; 2° les établissements des arts et métiers, et 3° le système mixte indiqué dans le Congrès de Nevers. Les deux premières, excellentes d'ailleurs, ne sont pas applicables partout ; la troisième fonctionne parfaitement, et il a indiqué l'externat d'apprentis d'une grande ville, où une maison religieuse reçoit et loge les jeunes ouvriers et remplace pour eux la famille.

M. le Rapporteur range les patronages en trois classes : les patronages ruraux, les patronages paroissiaux des villes et les patronages centraux. Pour les patronages ruraux, il demande l'adhésion à l'Union des Œuvres ouvrières catholiques, et il croit que le presbytère s'offre naturellement comme lieu de réunion.

Dans les villes, il trouve excellents, soit les patronages centraux, soit les patronages paroissiaux. Les premiers englobent tous les apprentis de la ville, ont leur chapelle, leur aumônier, etc. Il cite comme modèle le Patronage de M. l'abbé Peigné, à Nantes. On ne doit pas les redouter comme nuisibles à l'esprit paroissial. Les apprentis, devenus hommes, sont ensuite les plus fidèles à la paroisse.

Les patronages paroissiaux sont plus directement placés sous l'action du clergé paroissial : l'église de la paroisse est leur chapelle. Nantes offre encore un patronage de cette espèce, qui peut servir de modèle.

Comme éléments indispensables, M. le Rapporteur indique :

1° le prêtre ; 2° les Frères ; 3° les confrères de Saint-Vincent de Paul. Afin de maintenir l'accord entre ces trois éléments, il demande qu'ils soient représentés dans le conseil de direction.

Pour entretenir la vie intérieure, il signale : 1° les jeux, ils sont indispensables ; 2° les charges ; on établit des corporations multiples : congrégation, artistes dramatiques, fanfares, clairons et tambours, officiers d'ordre pour la surveillance, etc. ; 3° cérémonies religieuses ; messe spéciale du dimanche, — recourir même à une loterie pour encourager la présence à la messe, — pompe et solennité du jour des grandes fêtes.

Comme moyens accessoires : les pèlerinages, les représentations dramatiques, les expositions des ouvrages des apprentis. Ce genre d'exposition met en rapport avec les chefs d'ateliers, qui de la sorte sont attirés à l'œuvre. Du reste, l'exposition de Versailles en 1870 a été l'occasion des congrès qui ont suivi.

De vifs applaudissements accueillent les paroles de M. de Pichard.

Mgr l'Archevêque, tout en remerciant et en félicitant M. le Rapporteur, lui rappelle qu'au Patronage de Saint-Louis de Bordeaux, on avait pris comme patrons des jeunes gens du peuple.

M. Du Bie demande si quelque membre de l'Assemblée ne pourrait pas fournir des renseignements sur le fonctionnement des patronages ruraux.

M. le curé-doyen de Nogaro répond en racontant l'origine de son petit Patronage. Il a réuni les enfants après la première communion ; ils assistent à la messe et aux vêpres ; et il a adhéré au Comité central de Paris. Il a reconnu que le livret était pour eux un puissant encouragement.

Sur diverses questions de M. le Président et de Mgr l'Archevêque, M. le curé de Nogaro dit qu'il a loué une chambre pour les réunions, qu'il n'a pas de ressources spéciales, et qu'il cherche à intéresser les enfants en leur procurant quelques lectures agréables et utiles. Leur petit nombre ne permet pas de les grouper à l'église. Il insiste encore sur le prix que les enfants attachent au livret.

M. le curé de Gondrin fournit ensuite sur le même objet des détails qui méritent les approbations de l'Assemblée. Il réunit au presbytère les enfants à qui il a fait faire la première communion ; il leur a réservé une partie de son jardin pour la récréation. Tous les dimanches, avant les vêpres, il y a un petit exercice de piété, et à la quinzaine, le dimanche encore, il fait aux enfants, auxquels se joignent les grandes personnes, dans l'église, le catéchisme de persévérance, après les vêpres. Il parle de l'œuvre de M. l'abbé Cazes, curé de Beaucaire, qui tous les soirs, durant l'hiver, réunit les enfants à la sacristie pendant trois quarts d'heure ou une heure, et les forme au chant. La réunion se termine par la prière dans l'église : une partie de la population vient y prendre part. Durant l'été, M. Cazes ne réunit les enfants que trois fois la semaine.

Mgr l'Archevêque fait observer que les réunions quotidiennes offrent un grave inconvénient : elles pourraient porter atteinte à l'esprit de famille.

M. l'abbé Tournamille recommande, dans les villes, l'Œuvre des Ecoliers pour le jeudi. Il faudrait les réunir et les surveiller pour les soustraire à une multitude de périls. Les loteries, même d'objets peu importants, des récompenses distribuées tous les deux ou trois mois devant les parents et quelques bienfaiteurs, avec accompagnement de chant, de musique, de quelques scènes, serviraient de moyens d'encouragement. Une quête, faite durant ces réunions extraordinaires, fournirait des ressources suffisantes. Les lieux de réunion seraient l'école des Frères ou d'un bon instituteur laïque.

Mgr l'Archevêque demande par quel moyen on pourrait tuer le respect humain chez les enfants.

M. Du Bie dit que c'est par le bon exemple donné d'en haut. Il faut avant tout le tuer dans la classe élevée : la conversion des patrons amènera celle des ouvriers.

M. l'abbé Mortera constate que dans son Patronage le respect humain diminue sensiblement, et que depuis la Pâque les communions sont plus nombreuses.

M. l'abbé Martial demande, comme remède du respect humain, des manifestations religieuses, des communions générales d'hommes. Il faut former des sociétés d'hommes et les compromettre en faveur du bien par une manifestation publique. Il cite le bon effet, dont il a été témoin, produit par une procession de cinq cents hommes. Il insiste surtout pour la conservation des mœurs chez l'enfance, sur la confession et la communion fréquentes, et le bon catéchisme.

Il reçoit les applaudissements de l'Assemblée.

M. Du Bie nous dit qu'à Marseille on a institué une œuvre contre le respect humain. Des jeunes gens dévoués se distribuent les différentes églises de la ville et vont par groupe assister aux offices et faire la communion, tantôt dans l'une, tantôt dans l'autre.

Cercles catholiques. — M. Castarède-Labarthe, pour compléter quelques mots dits par M. Du Bie et M. l'abbé Marceille, après avoir fait remarquer que tout cercle catholique se compose d'un cercle et d'un comité, demande la permission de lire la Monographie présentée à Lyon par M. le comte de la Tour du Pin. Il indique que le but de l'œuvre est de former dans la classe dirigeante des associations, des comités pour fonder ces cercles. L'esprit de l'œuvre est un esprit de foi, qui ne doute de rien, qui a porté les fondateurs à adresser au Saint-Père l'expression de leur résolution et à briguer l'honneur d'entrer dès le berceau dans la grande union des œuvres catholiques ouvrières. Puis, pour répondre aux demandes de quelques membres, M. Castarède-Labarthe indique comment il faut fonder un cercle. Il faudra réunir quelques personnes (quatre suffiront), décidées à poursuivre le but de l'œuvre, les organiser en comité, signer l'acte d'adhésion, selon la formule prescrite, et l'adresser au Comité de l'Œuvre, 17, quai Voltaire, qui enverra les documents.

Le comité fondé se divise en quatre sections : la première de propagande, la deuxième de la création du cercle, la troisième des finances, la quatrième d'enseignement.

Et pour cela il faut s'assurer du concours de l'Archevêque, de l'autorisation préfectorale, du local, des futurs membres : ne pas se préoccuper du petit nombre. Ouvrir toutes grandes les portes d'un cercle, c'est vouloir y introduire le désordre. Choisir un bon directeur : là est le point essentiel. Doit-il être prêtre ou laïque : qu'il soit bon.

Tous les préparatifs terminés, ouvrir aussi solennellement que possible.

C'est ainsi que l'on a agi à Fleurance. Pour obéir aux vœux de M. l'abbé Ducam, doyen, et, grâce aux soins de M. l'abbé Magentie et de M. le docteur Desponts, le comité fut formé à Fleurance. Une fois formé et les adhésions obtenues, le Cercle a été ouvert et inauguré par la bénédiction solennelle de la bannière : tout cela s'est accompli dans l'espace de trois mois à peine. —

— 18 —

Depuis lors, les progrès sont sensibles, et l'esprit de la population amélioré.

Mgr l'Archevêque remercie M. Castarède, qui reçoit des applaudissements unanimes.

Sur quelques questions de M. l'abbé Du Moulin, M. l'abbé Tournamille répond qu'il est très-facile d'avoir de l'argent. Il n'y a qu'à demander. Il dit les patronages indispensables pour alimenter les cercles. Impossibilité presque absolue de recruter pour les cercles les jeunes gens qui n'ont pas fréquenté les patronages. A Toulouse, il estime que le patronage conserve un tiers des jeunes ouvriers qui y sont entrés. Les hommes faits se rendent plus facilement, on les amène mieux que les jeunes gens au cercle, et ils se décident à faire leurs Pâques. Les conférences scientifiques, littéraires, les représentations, etc., habituent et font prendre goût aux cercles. Il dit tous les ménagements nécessaires pour ne pas froisser la susceptibilité extrême des enfants : avant tout, patience et abnégation. Chez lui, la cotisation est de un franc ; il y a de plus les souscriptions annuelles des bienfaiteurs.

L'Assemblée le remercie par des applaudissements de ces indications.

Conférences publiques. — M. l'abbé Magentie donne lecture d'un rapport fort intéressant. Les idées sont perverties : la vérité n'arrive plus au peuple, qui déserte l'église, et que tant de voix menteuses endoctrinent. Nécessité de détruire l'effet des prédications mauvaises ; le moyen : des conférences. A Paris et dans quelques grandes villes, elles ont produit d'excellents résultats. M. le Rapporteur démontre qu'elles sont possibles et réfute les objections qui pourraient être faites à ce sujet.

Ce rapport est très-favorablement accueilli.

M. l'abbé Martial nous apprend comment la chose se passe à Bordeaux. L'hiver dernier, deux cents sujets de conférence ont été distribués, deux mois à l'avance. Et dans deux cercles il y a eu alternativement conférence tous les huit jours.

M. l'abbé Du Moulin demande si les conférences doivent être absolument publiques ou spéciales aux ouvriers des cercles.

M. l'abbé Martial répond qu'à Bordeaux, on ne s'est adressé qu'à ces derniers ; mais, en principe, on admet les conférences publiques.

M. Magentie rapporte les paroles du Père Merquigny à Lyon, qui concluait que le *meilleur endroit pour les conférences étaient les pires quartiers d'une ville.*

M. Du Moulin insiste et observe qu'il convient à bien peu d'avoir la légitime audace de M. De Mun.

Mgr l'Archevêque conclut en disant que les circonstances permettent seules de juger si les conférences publiques sont, oui ou non, utiles.

M. l'abbé Tournamille recommande le choix d'un président solide et ferme.

La séance s'est terminée à quatre heures du soir par les prières d'usage.

Le secrétaire du Congrès,
Henry MARQUET.

PROCÈS-VERBAL DE LA QUATRIÈME SÉANCE

Mardi, 20 octobre, l'Assemblée s'est réunie dans la salle ordinaire de ses séances, à sept heures et demie du soir. Mgr l'Archevêque ne pouvant présider, M. l'abbé Martial, vicaire général de Bordeaux, ouvre la séance par la prière d'usage.

Après la lecture du procès-verbal de la troisième séance, donnée par M. l'abbé Marquet, M. Du Bie, président, demande à l'Assemblée de vouloir bien témoigner sa satisfaction et sa reconnaissance pour le zèle intelligent et dévoué qu'ont apporté MM. les Secrétaires dans la rédaction des procès-verbaux des séances précédentes.

L'Assemblée accueille cette proposition par des applaudissements.

M. le Président donne la parole à M. l'abbé Larrieu, chanoine de l'église métropolitaine et directeur de l'Œuvre de Sainte-Zite. M. l'abbé Larrieu, dans une intéressante causerie, donne la monographie de la Confrérie de Sainte-Zite, établie à Auch en faveur des servantes.

M. l'abbé Caussade, aujourd'hui chanoine de l'église métropolitaine, plein de sollicitude pour les jeunes filles sortant de l'hospice et placées en condition à Auch, obtint de Mgr de La Croix la fondation de cette œuvre. Les obligations que la confrérie impose à ses membres sont très-simples : 1° chacune doit réciter deux dizaines de chapelet chaque jour ; 2° il y a deux réunions par mois, le second et le quatrième dimanche. Une messe est célébrée et suivie d'une instruction. Les membres seules de la confrérie sont admises à ces réunions, et, sur un nombre habituel de quatre-vingts à quatre-vingt-dix assistantes, il y a de cinquante à soixante communions chaque fois. Les obligations matérielles se bornent au versement de 2 fr. par an, laquelle somme est employée à payer le loyer d'une maison où les filles sans place sont recueillies et nourries pendant un mois. Au bout du mois, si elles ne sont point encore placées, elles fournissent leur pain, le logement leur est encore donné par l'œuvre. Ce qui demeure des cotisations est employé à faire célébrer des messes pour les membres défuntes.

Depuis douze ans que M. l'abbé Larrieu dirige cette œuvre, il n'a qu'à se féliciter des excellents résultats qu'elle a produits. Il y a bien de temps en temps quelques brebis qui s'égarent ; mais ces égarements, d'ordinaire passagers, mettent surtout en lumière le zèle de leurs compagnes pour les ramener. A l'appui, M. le chanoine cite un fait qui prouve bien que, dans tous les rangs et dans toutes les conditions, il y a de beaux dévouements et de généreux missionnaires. Les malades sont soignées à l'hospice et visitées par leurs compagnes et aussi par le zélé directeur. La relation d'une de ces visites nous donne la preuve la plus édifiante de la foi et de la charité de ces bonnes et pieuses filles. Elles sont d'ailleurs très-attachées à leur œuvre, et, même loin d'Auch, elles ne savent pas l'oublier. Plusieurs continuent à envoyer leur cotisation, et quelquefois d'avance. M. le chanoine fait l'éloge des filles venues à Auch de différents côtés.

Ce touchant récit a été plusieurs fois interrompu par les applaudissements de l'Assemblée, dont M. le Président s'est fait l'interprète pour offrir à M. le chanoine ses plus sincères remerciements.

La parole est donnée à M. l'abbé Tournamille pour son rapport sur les hôtelleries catholiques.

M. l'abbé Tournamille rappelle que dans les œuvres une chose est toujours nécessaire. Dans les œuvres catholiques, cette chose nécessaire, ce sont les hôtelleries. Elles sont nécessaires, non point qu'elles soient indispensables partout ; mais elles le sont dans les villes importantes, parce que c'est à ces hôtelleries que les directeurs d'œuvres doivent adresser leurs jeunes gens qui partent pour ces grandes villes. Sans insister sur l'utilité des œuvres en général, M. le Rapporteur rappelle qu'elles doivent commencer par l'enfance, dès qu'elle est en danger de se perdre et d'échapper à l'action de la religion. On sauvegarde l'enfant à l'école chrétienne d'abord, puis au patronage jusqu'à l'âge où il commence à s'affranchir du joug de la famille. S'il reste à la maison paternelle, il est bon de ne pas l'en détourner; mais, s'il n'y reste pas, il faut le faire entrer au cercle dès l'âge de seize ou dix-sept ans, et l'y garder devenu homme mûr et père de famille. M. le Rapporteur déplore en passant les goûts de luxe qui se réveillent de bonne heure dans le jeune homme, puis il insiste chaleureusement sur la nécessité du ministère sacerdotal dans les œuvres. Le prêtre est encore une des autorités les plus respectées, et, dans les œuvres, c'est celui qui a le plus d'influence. Au prêtre la mission même de Notre-Seigneur Jésus-Christ; il est l'homme de la prière et de la doctrine. Autre Jésus-Christ, le prêtre est aussi surtout l'homme de la croix, du dévouement et du sacrifice, et toute œuvre demande du dévouement et du sacrifice. Tout père de famille a des préoccupations et des devoirs dans sa famille; le prêtre n'a pas de famille, il se doit au salut de tous. Au prêtre donc surtout de créer et de soutenir les œuvres.

Après les vifs applaudissements qui accueillent cette chaleureuse improvisation, M. l'abbé Tournamille constate qu'en général les jeunes gens qui ne nous connaissent pas viennent peu dans les cercles; beaucoup de ceux que nous avons formés nous échappent ensuite; *à fortiori* les étrangers. Deux choses les retiennent : d'abord la timidité : ils n'osent pas; puis l'influence railleuse des méchants. — La conséquence de ces réflexions, c'est qu'il est nécessaire d'exciter à temps et à contre-temps tous les catholiques, prêtres et laïques, à travailler pour garder le jeune homme dans la bonne voie; c'est qu'il est nécessaire de parler partout et toujours de nos œuvres : 1° parce qu'il faut détruire les préjugés nombreux dans toutes les classes; la société est aux intrigants; les méchants intriguent pour le mal : intriguons pour le bien; 2° il y a quelquefois de la défiance de la part même des bons. Il est vrai, les résultats n'ont jusqu'ici répondu ni à l'attente ni aux sacrifices qu'on s'est imposés. Déjà même les œuvres ont subi quelques tempêtes; mais après l'orage vient le calme et puis la moisson. Nous ne la verrons pas; mais le bien est fait, et Dieu récompense le zèle et non le succès. De la part de nos jeunes gens, sans doute, il y a bien des ingratitudes, mais il y a aussi quelques fruits. Le fruit, c'est l'Eglise, c'est le nom de Dieu, c'est la Patrie, et ce sont les âmes qui le recueillent, et cela suffit.

Après cette intéressante digression, M. le Rapporteur revient à la question des hôtelleries. Le livret-diplôme adopté par l'Union et par l'Œuvre des Cercles doit être remis à tout membre des œuvres qui l'a mérité. Aujourd'hui, on fait peu le tour de France, la conscription arrête le jeune homme. Cependant beaucoup voyagent; il serait bon qu'ils eussent leur livret-diplôme. Mais il ne faut pas le délivrer à la légère, on risquerait d'envoyer dans les œuvres des fruits gâtés. Munis du livret, l'ouvrier et le soldat trouvent dans les œuvres un asile, des amis, du travail, et dans le directeur un père. Cependant ces avantages ne suffisent pas toujours pour les attirer. Beaucoup se laissent entraîner et se jettent dans les garnis et les mauvaises auberges. Il faut donc des hôtelleries, soit dans l'œuvre, soit hors de l'œuvre; mais la perfection du genre, c'est un établissement dépendant de l'œuvre. Dans l'Œuvre des Cercles, l'hôtellerie tient une place importante. Ce ne doit pas être une entreprise financière; les jeunes gens le comprennent vite et s'en vont ailleurs. Ce doit être une œuvre chrétienne, alimentée par les ressources de l'œuvre générale et les petits paiements donnés par les pensionnaires. Il faut que l'on y soit à meilleur marché qu'à l'hôtel; c'est là un appât pour les parents et les jeunes gens.

A Saint-Cyprien, à Toulouse, les jeunes gens sont reçus dès l'âge de quinze ou seize ans, qu'ils soient ouvriers ou apprentis. La charité y accueille de préférence les orphelins. Tous doivent observer le règlement, et le règlement doit être assez sévère. Malgré cette sévérité, il n'y a jamais assez de place. L'union la plus cordiale existe entre les jeunes gens. La nourriture doit être convenable et le régime assez confortable, et à Saint-Cyprien, à ces conditions, pour 1 fr. par jour et 3 fr. par mois pour le logement, on joint encore les deux bouts.

En terminant ce rapport, agrémenté de traits charmants, M. l'abbé Tournamille en cite un des plus intéressants et qui montre bien les heureux résultats produits par les hôtelleries catholiques. Pour conclusion générale, il invite les directeurs d'œuvres à envoyer dans ces hôtelleries leurs jeunes gens qui partent pour la grande ville. Enfin, les directeurs d'œuvres eux-mêmes, ne pouvant que gagner à se voir souvent, sont invités à accepter à l'hôtellerie de Saint-Cyprien l'hospitalité qui leur est offerte avec la plus fraternelle cordialité par M. l'abbé Tournamille.

L'Assemblée répond par de chaleureux applaudissements.

M. de Pichard donne lecture d'une proposition relative aux chambres et tables de famille. On émet le vœu que les conférences de Saint-Vincent de Paul puissent désigner dans chaque localité des familles d'ouvriers chrétiens dans le sein desquelles les apprentis et ouvriers de passage ou sans parents pourraient trouver une chambre et une place à la table commune.

M. Masson, professeur d'histoire au lycée d'Auch, invité à prendre la parole sur les cours d'adultes, exprime d'abord ses regrets de n'avoir pu assister à la séance précédente, à cause des rapports étroits qui unissent la question des cours d'adultes à celle des conférences publiques. Il nous dit ensuite que les écoles du soir ou d'adultes demandent trois conditions principales :

1° Un personnel d'enseignement. Rendant un hommage bien mérité au dévouement des Frères, il constate qu'il faut aussi le concours des ecclésiastiques et des laïques pour avoir un personnel complet. Pour se le procurer, il y a des difficultés, sans doute; cependant il faut en être sûr avant de commencer, pour n'être pas obligé de s'arrêter au milieu de l'œuvre entreprise, ce qui est toujours d'un fâcheux effet.

2° Il faut un emplacement pour les cours. Le meilleur est l'école des Frères, là où la chose est possible; là où l'on a une municipalité chrétienne, la mairie peut prêter ses salles. Il faut que ce local soit central, autant que possible. S'il est loin, pendant l'hiver le mauvais temps arrêtera les ouvriers, surtout si les cours sont quotidiens.

3° Caractères de ces cours. Les plus utiles sont : la lecture, l'écriture, la grammaire, le calcul; pour les ouvriers de certains métiers, quelques éléments de géométrie. Voilà pour l'instruction; mais l'éducation est bien autrement importante. Les cours qui ont trait à l'éducation regardent les soins de l'âme, l'ornement de l'esprit, les soins même du corps. Un médecin dévoué ne manquera pas pour faire des cours d'hygiène. Il condamnera surtout cette funeste habitude, grâce à laquelle, en France seulement,

270 millions s'en vont annuellement en fumée. Des cours d'économie politique ne seront pas déplacés pour les ouvriers et pour beaucoup de patrons, afin d'arrêter la guerre entre le capital et le travail, cherchant à se dévorer l'un l'autre, et de développer la vraie fraternité chrétienne. Cette fraternité apprendra à éviter les grèves désastreuses et à ramener, en ce qu'elles avaient de bon, les anciennes corporations, si préférables à tant de nos sociétés de secours mutuels, lesquelles ne sont que des *vestibules de l'Internationale*, par leurs prétentions au progrès sans le christianisme. Enfin, des cours d'histoire et de géographie, et quelques notions de droit *bien usuel*. Montrez l'histoire de France surtout dans ses rapports avec l'histoire du catholicisme, qui a fait notre patrie. Gibbon a dit : « La France est une nationalité fondée par les Évêques, une ruche pétrie par leurs mains. » Dans l'histoire du moyen-âge et dans les premiers temps modernes, afin de réconcilier les gouvernants et les gouvernés, montrez les souverains et les seigneurs aimant et respectant très-souvent les pauvres plus que beaucoup de leurs prétendus amis de nos jours : saint Louis, sainte Elisabeth de Hongrie, saint Ferdinand de Castille, saint François de Borgia. Les ouvriers apprendront là à supporter les peines de leur condition, sans haine et sans envie. Quelques cours d'économie domestique leur apprendront à tirer tout le parti possible de leur modeste position, ou à supporter sans se décourager leurs insuccès et leurs épreuves. Donoso-Cortès l'a dit : « La terre n'est plus qu'une vallée de larmes, où la douleur attend chacun comme une épreuve, et plusieurs comme une expiation. »

Fonder ces cours n'est pas chose facile, dit en terminant M. Masson; on l'a tenté à Auch, hélas! sans trop de succès. Le zèle et les efforts de M. l'abbé Mortera méritaient de plus heureux résultats; mais M. Masson ne croit pas qu'il faille se tenir pour battus, et il offre son généreux concours pour revenir à la charge dans de meilleures conditions de réussite.

Les applaudissements de l'Assemblée remercient M. Masson, et la séance est terminée à neuf heures et demie par la prière à la Sainte-Vierge.

Le secrétaire du Congrès,
A. MAGENTIE.

PROCÈS-VERBAL DE LA CINQUIÈME & DERNIÈRE SÉANCE

Mgr l'Archevêque est au fauteuil de la présidence, et, à huit heures du matin, après les prières d'usage, Sa Grandeur déclare la séance ouverte.

M. Du Bie donne la parole à M. l'abbé Martial.

Après avoir rappelé les obligations à remplir envers M. l'Économe, M. l'abbé Martial paie, au nom de tous, un juste tribut de remerciements à Mgr l'Archevêque pour la gracieuse hospitalité que Sa Grandeur a ménagée aux membres du Congrès, et pour l'intérêt si vif qu'Elle a porté à tous ses travaux, en présidant presque toutes ses séances et en dirigeant les discussions. Jusqu'ici les congrès n'avaient pas reçu, à ce point, les preuves de la bienveillance épiscopale, et on n'avait pas vu les Évêques partager avec les membres de ces congrès tous les actes de la vie en commun. L'orateur, en se rendant l'interprète de la reconnaissance générale, se trouve d'autant plus heureux, qu'il peut ainsi donner satisfaction à une vieille dette de reconnaissance qu'il a contractée envers Monseigneur d'Auch depuis plus de cinquante ans. Elle se rafraîchit en ce jour, et il ose demander à Sa Grandeur, pour lui et pour les autres, la grâce d'entrer et de s'installer dans son *cœur*, plus vaste encore que *celui* de sa splendide cathédrale.

Il demande ensuite trois salves d'applaudissements pour M. le Supérieur du Séminaire, qui a si gracieusement mis sa maison au service du Congrès; pour M. l'Économe, qui a su délicieusement passer par les estomacs pour arriver jusqu'aux cœurs, et pour MM. les Secrétaires du Congrès, si vaillants et si fidèles, qu'ils ont saisi jusqu'aux ombres des discussions.

Revenant sur la nécessité, qui a été proclamée si souvent dans les séances précédentes, de prendre les enfants de bonne heure, l'orateur voudrait que l'on s'occupât d'eux, même avant la première communion. Il rappelle que bien souvent on ne peut malheureusement pas s'en rapporter aux instituteurs, dont plusieurs cherchent même à exercer une action anti-chrétienne. Il faut prévoir ce danger. A son avis, le curé n'use pas assez du droit de surveillance qu'il a sur l'école : il doit y aller souvent. Les esprits les plus éminents ont reconnu la nécessité de cette surveillance constante du prêtre : ainsi M. Guizot. L'empereur d'Allemagne lui-même, alors qu'il était prince-régent, fit un règlement qui prescrivait aux ministres du culte d'aller, au moins trois fois la semaine, à l'école pour s'assurer de l'instruction religieuse. Se dévouer aux enfants, c'est les aimer beaucoup, et le prêtre doit avoir pour eux un véritable cœur de mère.

L'orateur insiste de nouveau sur les pieuses industries à mettre en jeu pour gagner les ouvriers : réveiller parmi eux l'esprit de famille ; maintenir la femme dans les pensées chrétiennes, le dévouement, la prière, et par là lui ménager une influence de plus en plus décisive sur le mari ; faire agir les enfants pour gagner les pères. Il cite plusieurs exemples, qui intéressent vivement l'Assemblée, du pouvoir que les enfants pieux ont eu pour ramener leur père à Dieu.

L'orateur exprime ensuite son étonnement d'avoir lu dans le Programme : *chercher les moyens d'introduire les conférences de Saint-Vincent de Paul dans les œuvres ouvrières*. N'y vont-elles pas de plein pied ? Ne sont-elles pas la sublime création de la charité dans notre siècle, celle qui a donné naissance à toutes les autres œuvres ? Ne faut-il pas que toute œuvre pour vivre reçoive la sève de saint Vincent de Paul ?

Les applaudissements de l'Assemblée répondent aux paroles de l'orateur.

M. Martial continue sa causerie en recommandant d'agréger les jeunes ouvriers aux conférences. Il faut de bonne heure les habituer à la vue et au contact du pauvre : rien n'est plus propre à leur inspirer le dévouement et même les sacrifices héroïques. Il le confirme par des exemples dont il a été témoin.

Il finit par quelques mots sur la *Grande Famille du Saint-Sacrement*, établie à Bordeaux. La pensée qui l'a fait naître a été celle de répondre au siècle, qui veut chasser Jésus-Christ de la société. Des chrétiens fervents ont dit au Sauveur : *Mane nobiscum, Domine, quoniam advesperascit*. Sur cette pensée l'œuvre a grandi insensiblement. D'abord quatre hommes se sont promis d'assister à la veillée de nuit dans l'église où se faisait l'Adoration ; ils ont recruté des adhérents ; et maintenant, dans chacune des paroisses de Bordeaux, il y a de quarante à quatre-vingts hommes par heure qui passent la nuit devant le Saint-Sacrement quand il est exposé. Deux mille hommes sont inscrits, et on espère en avoir quatre mille à la retraite qui commence le 25 octobre. On installe l'œuvre dans une paroisse, en y plaçant un chef, qui recrute douze membres, et ceux-ci à leur tour travaillent à procurer chacun le même nombre. Les membres sont pleins de ferveur; ils se prêtent volontiers aux manifestations religieuses ; ils ont pris l'engagement d'accompagner, un cierge à la main, le Saint-Sacrement durant les processions.

L'Assemblée applaudit vivement l'orateur.

Mgr l'Archevêque remercie M. l'abbé Martial d'avoir rappelé la vieille amitié qui les unit. Depuis plus de cinquante ans, il le connaît bon, dévoué, ardent au bien.

M. Jules Solon, vice-président du Tribunal civil d'Auch, demande la parole. Il estime que c'est un acte de justice de signaler au Congrès une œuvre essentiellement moralisatrice, dont le département du Gers a eu l'initiative, et que nous devons au zèle éclairé et au dévouement sans bornes de l'un des officiers supérieurs de la garnison, M. le commandant Lafont, major au 14e chasseurs. Déjà les garnisons d'Auch et de Mirande possèdent deux bibliothèques importantes, soit par le nombre, soit par le choix des ouvrages.

M. Solon recommande l'œuvre et sollicite du Congrès un témoignage de sympathique reconnaissance envers le dévoué commandant.

L'Assemblée accueille avec bonheur la motion de M. J. Solon et, par des applaudissements répétés, elle remercie M. Lafont, que l'on aperçoit dans la salle, à côté de M. le capitaine Belvèze.

M. le président Du Bie adresse encore à l'honorable officier quelques paroles de reconnaissance, au nom des membres du Congrès et au nom de tous les pères de famille.

M. V. Candelon, avoué à Lectoure, déplore l'état précaire des conférences de Saint-Vincent de Paul dans le diocèse. Elles ne se recrutent plus, elles languissent et menacent de s'éteindre peu à peu, faute d'un lien commun. Il propose de rétablir le Conseil central du département, siégeant à Auch. Il demande à l'Assemblée de prier Mgr l'Archevêque qu'il daigne favoriser cette mesure. Il suffirait de provoquer à Auch une réunion, qui se formerait par l'envoi d'un délégué choisi par chacune des conférences existantes. Il conjure encore Monseigneur d'agir auprès des vénérables curés, afin que ceux-ci, étudiant les statuts de la Société, et s'inspirant de leur esprit, veuillent rétablir des rapports plus fréquents avec les conférences, assister de temps en temps aux réunions, et réchauffer par leurs paroles et leurs conseils le zèle des différents membres.

La motion de M. Victor Candelon est unanimement approuvée, et le Congrès la recommande humblement et instamment à Mgr l'Archevêque, qui lui fait le meilleur accueil.

M. l'abbé Du Moulin insiste encore dans ce sens. Il demande qu'on travaille à la diffusion des conférences et à les établir dans chaque localité où leur existence est possible. Il désire dans ce but une entente commune des sept diocèses du Sud-Ouest, entente qui serait préparée par Mgr l'Archevêque d'Auch, et dont NN. SS. les Évêques seraient le lien.

M. De Bordes exprime le vœu que les rapports présentés à l'Assemblée soient livrés à l'impression.

M. l'abbé Du Moulin de Labarthète lit le rapport suivant :

« La commission que vous avez nommée pour étudier le projet d'un congrès régional concernant les œuvres catholiques a tenu sa séance aujourd'hui, sous la présidence de M. l'abbé Martial, vicaire général de Bordeaux.

» Après un exposé succinct de la question donné par M. Du Bie, sur la demande de M. le Président, la commission a admis à l'unanimité l'opportunité et l'utilité d'une *commission régionale*, reliée de cœur et d'âme au Bureau central de l'Union.

» Cette commission régionale, selon les désirs émis, se formera et se tiendra à Auch, sous la présidence de Mgr l'Archevêque.

» La commission a exprimé le vœu et nous le déposons aux pieds de Sa Grandeur, pour qu'Elle daigne écrire à NN. SS. les Évêques des sept diocèses de la région du Sud-Ouest, pour les engager à former dans leurs diocèses respectifs un bureau chargé de correspondre avec la *commission régionale*.

» Un projet d'organisation définitive sera élaboré dans la *commission régionale* et remis aux bureaux diocésains ou aux représentants de l'œuvre dans ce diocèse, à défaut de bureaux diocésains.

» Les bureaux diocésains ou les représentants de l'œuvre devront renvoyer le projet à la *commission régionale*, avec les observations qu'ils auront cru devoir y ajouter. La *commission régionale* reste libre d'user de ces remarques, si elles lui semblent utiles.

» La commission insiste pour que NN. SS. les Évêques de la région que doit embrasser le congrès régional, et le Comité central de l'Union, dont elle ne veut se séparer à aucun prix, soient officiellement informés de la création de la *commission régionale.* »

L'Assemblée adopte le rapport.

M. l'abbé Desbons demande la parole pour insister auprès de l'Assemblée sur le principe, éminemment chrétien, des Bibliothèques militaires du Gers. Elles sont la propriété du département, administrées par un Comité dont le général a la présidence et dont fait partie Mgr l'Archevêque. Le Comité a su se mettre à l'abri des propositions du Comité Franklin et de la Ligue d'enseignement. M. l'abbé Desbons montre par des faits sensibles le bien que produisent déjà les deux bibliothèques d'Auch et de Mirande.

L'Assemblée applaudit à ces paroles.

M. Du Bie propose, au nom de M. l'abbé Candelon, économe du Grand-Séminaire d'Auch, un pèlerinage à Lourdes, uniquement composé des hommes du Gers. Il entre dans des explications qui en montrent la facilité. Ce pèlerinage aurait lieu du 15 au 30 juin 1875.

Cette proposition est adoptée.

M. l'abbé Martial demande trois salves d'applaudissements en l'honneur de M. le Président du Congrès, dont tous les membres ont si hautement apprécié le tact parfait et la chevaleresque courtoisie dans la direction des débats.

On répond par trois salves d'applaudissements chaleureux.

M. Lavergne, de Castillon-de-Batz, propose une retraite annuelle pour les hommes de la classe dirigeante. Elle durerait deux ou trois jours et se tiendrait au Grand-Séminaire, au commencement de septembre. On consacrerait quelques séances à l'étude, à la propagation, à l'établissement des œuvres ouvrières. Ce projet rencontre une approbation unanime.

M. le commandant Lafont demande la parole pour remercier l'Assemblée de la sympathie qu'elle montre à l'œuvre des Bibliothèques militaires du Gers. Plus de trois mille volumes ont été réunis, qui avec l'aménagement du local représentent un capital de près de 30,000 francs : peu de dons en argent, 8 ou 9,000 francs au plus, mais dons de livres, venus de toutes les classes de la société. Il proclame le concours indispensable qu'il a rencontré chez le clergé. Grâce à des efforts généreux, le Gers se trouve doté d'une institution unique. M. Lafont voudrait en doter la France entière. Il dit la sévérité que l'on doit apporter dans le choix ou dans l'acceptation des livres. La propagande protestante fait l'impossible pour introduire ses produits dans toutes les casernes. Aussi un comité de surveillance est nécessaire. Si l'œuvre a si bien réussi à Auch, c'est qu'on a pris toutes précautions et qu'on en a fait la propriété du département.

Ces paroles sont chaleureusement applaudies.

Le R. P. De Ribens, invité à prendre la parole, dit que les observations qu'il se proposait de faire en faveur des patronages et des cercles d'ouvriers ont été éloquemment présentées par les directeurs d'œuvres qui se sont adressés à l'Assemblée dans les séances précédentes. Il ajoute un mot pour recommander aux patrons et aux bienfaiteurs des œuvres ouvrières la visite des familles auxquelles appartiennent les jeunes ouvriers. De ces rapports fréquents avec les familles résultent d'inappréciables avantages.

Sur l'invitation de M. le Président, le R. P. Duboé, de Notre-Dame de Lourdes, consent à dire quelques paroles. Il est enchanté du Congrès et il en sort avec la température des cœurs les plus chauds. Il voudrait qu'on répandit le Congrès au loin, et qu'il y eût comme des *commis-voyageurs* du zèle et de la charité, qui allassent porter partout l'esprit du Congrès. Il désirerait la réunion d'un congrès plus nombreux.

Monseigneur ne croit pas nécessaire un congrès très-nombreux. Il en a pour preuve les travaux féconds du Congrès actuel. Il accueille l'idée d'un congrès qui aurait deux séances par jour, et pendant lequel on ferait la retraite d'hommes proposée par M. Lavergne.

M. de Pichard donne lecture d'une proposition que le Conseil général des six patronages de la ville de Bordeaux désirerait voir prise en considération par l'Assemblée.

CHAMBRES ET TABLES DE FAMILLE. — Peu de villes du Midi ont, croyons-nous, des hôtelleries chrétiennes. Elles ne paraissent même pas pouvoir être fondées avec succès, en dehors des grands centres manufacturiers. Mais, ménager dans des familles d'ouvriers chrétiens, que nous pouvons arriver à connaître par l'intermédiaire de nos confrères de Saint-Vincent de Paul, une chambre, une place à la table commune, pour des apprentis ou des ouvriers de passage ou sans parents, c'est rendre un double service et aux patronnés et à ceux qui les accueilleraient.

Nous formulons le vœu que les conférences de Saint-Vincent de Paul dressent à cet effet des listes qui, dans chaque ville, seraient à la disposition du conseil des patronages.

Cette proposition du Conseil général des patronages de Bordeaux est adoptée.

M. l'abbé Vivent exprime le désir que les vœux et les œuvres du Congrès soient, par l'intermédiaire du R. P. Duboé, déposés aux pieds de Notre-Dame de Lourdes.

Mgr l'Archevêque annonce qu'il se propose de déposer aux pieds du Saint-Père les sentiments de profonde vénération et de filiale et absolue obéissance qui animent le Congrès envers le Vicaire de Jésus-Christ, et il espère obtenir pour chacun de ses membres une bénédiction spéciale, qui sera le meilleur encouragement dans leurs généreuses entreprises. Sa Grandeur demande de terminer le Congrès par une prière pour le Saint-Père.

Cette proposition est accueillie par des acclamations et par les cris répétés de : « Vive Pie IX ! »

Monseigneur récite à haute voix le *Pater* et l'*Ave* et lève la séance, qui est la dernière, à neuf heures et demie.

Le secrétaire du Congrès,
Henry MARQUET.

A l'issue de la séance, tous les membres se rendent à la chapelle du Grand-Séminaire. M. l'abbé Marquet expose le Saint-Sacrement, et Mgr l'Archevêque, assisté de M. l'abbé Martial et de M. l'abbé Mortera, entonne le *Te Deum*. Après le *Tantum ergo*, Sa Grandeur donne la bénédiction du Très-Saint-Sacrement, et la cérémonie se termine par le chant *Ecce quam bonum*.

Voici le nom des personnes qui ont assisté au Congrès :

Mgr DE LANGALERIE, archevêque d'Auch; MM. l'abbé MARTIAL, vicaire général, Bordeaux; DU BIE, président du Comité catholique du Gers; l'abbé MONBET, supérieur du Grand-Séminaire; DE PICHARD DE LATOUR, conseiller à la Cour d'appel de Bordeaux;

l'abbé PELLEFIGUE, doyen du Chapitre; comte DE CASTELBAJAC; l'abbé BARCIET, archiprêtre de la Métropole; l'abbé LARRIEU, chanoine et directeur au Grand-Séminaire; marquis DE GALARD-TERRAUBE; R. P. DUBOÉ, missionnaire de Notre-Dame de Lourdes; le docteur CASTARÈDE-LABARTHE; comte DILLON; l'abbé GARDÈRES, professeur au Grand-Séminaire; l'abbé DESBONS, id.; l'abbé MARQUET, id.; baron DE LAMEZAN; l'abbé RIGADE, archiprêtre de Saint-Orens; l'abbé TOURNAMILLE, directeur du Cercle Saint-Cyprien, Toulouse; R. P. DE RIBENS, de la Compagnie de Jésus; le commandant LAFONT, major au 14e chasseurs à cheval; l'abbé DUFOURG, curé-doyen de Saramon; l'abbé LAUZIN, curé-doyen de Saint-Clar; le capitaine BELVÈZE, du 14e chasseurs à cheval; SOLON, vice-président du tribunal civil d'Auch; l'abbé ARRIVET, curé-doyen de Nogaro; l'abbé VIVENT, curé-doyen de Miélan; l'abbé CAMPARDON, curé-doyen de Jegun; MASSON, professeur au Lycée d'Auch; DE GRIFFOLET D'AURIMON; l'abbé LAFFORGUE, économe au Petit-Séminaire; l'abbé OUBRÉ, curé de Saint-Pierre; l'abbé LAPORTE, aumônier du Lycée; ESTER, ingénieur en chef; Auguste ESTER; DE SCORBIAC; l'abbé COUTURE, professeur de philosophie au Petit-Séminaire; l'abbé DUC, professeur de physique; l'abbé SEMBRÈS, professeur d'histoire; Marcelin LOZES; DUPRÉ-PUGET; DE GRAMONT; l'abbé MORTERA, missionnaire diocésain; l'abbé GAUBIN, id.; l'abbé SANCET, id.; l'abbé COMMÈRE, id.; l'abbé LOUPS, id.; l'abbé RIMAJOU, id.; docteur DE LAVIGNE; LAVERGNE, à Castillon-Debats; CYR SAINT-LAURENT, juge de paix à l'Isle-en-Jourdain; D'ANTIN, au château de Latour, Samatan; DE BORDES père, au château de Meillan; Abdon DE BORDES; Victor CANDELON; CLAVÉ père; CLAVÉ fils; DAGUSAN, Mauvezin; D'ARMAGNAC, Mauvezin; BAYONNE; SERDÈS; l'abbé DU MOULIN DE LABARTHÈTE, du clergé d'Aire; l'abbé VALADE, directeur du Cercle catholique de Lafrançaise (Tarn-et-Garonne); l'abbé MARCEILLE, directeur du Cercle Saint-Sernin, Toulouse; l'abbé PUJOS, chanoine honoraire de Montpellier et curé de Lamazère; l'abbé FAGET, curé de Montégut; l'abbé CAZALAS, curé de Saint-Aurence; l'abbé PÉRÈS, curé de Castets; l'abbé CAMPAN, curé de Sadeillan; l'abbé DASQUE, curé de Gondrin; l'abbé TERRÉ, curé de Monferran; l'abbé ABADIE, curé de Mongauzy; l'abbé BETH, curé d'Aux; l'abbé BAURÈS, curé de Lartigue; l'abbé MAGENTIE, directeur du Cercle catholique de Fleurance; l'abbé LUCANTE, vicaire à Lectoure.

www.ingramcontent.com/pod-product-compliance
Lightning Source LLC
Chambersburg PA
CBHW060606050426
42451CB00011B/2111